Mémento VAGNON Permis plaisance

option côtière

Conforme à la réglementation en vigueur

Sous la direction d'André Néméta

Crédit photographique : © Vagnon - © Fotolia - © Shutterstock
Illustrations : © Vagnon
Extraits de la carte marine d'examen n°9999 reproduits avec l'aimable autorisation du Service hydrographique et océanographique de la marine (SHOM).

ISBN N° 978-2-85725-949-7
Code MDS : VA00085N1
N° de commande : V2015/070

Achevé d'imprimer par Offset 5, en mai 2015
Dépôt légal : mai 2015

Vagnon

BALISAGE

- Région A : le monde sauf zone Amérique, en particulier France métropolitaine, Réunion, Nouvelle-Calédonie et Polynésie.
- Région B : Amérique, Antilles, Guyane, Saint-Pierre-et-Miquelon, Corée, Philippines et Japon.

En région B, seules les couleurs des marques latérales sont inversées.

MARQUES LATÉRALES (RÉGION A)

CHENAL PRÉFÉRÉ À TRIBORD ET À BÂBORD

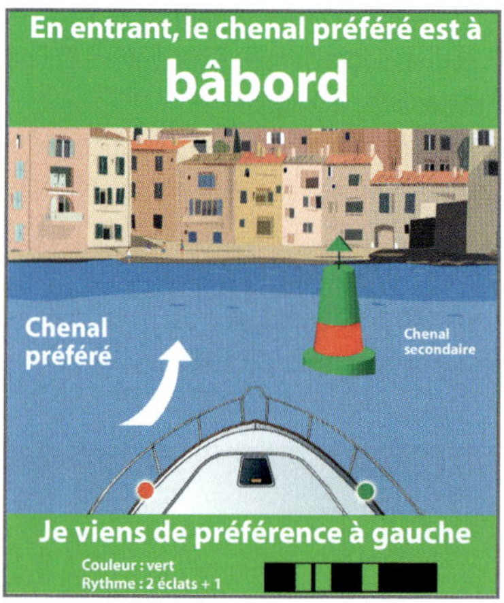

FEUX

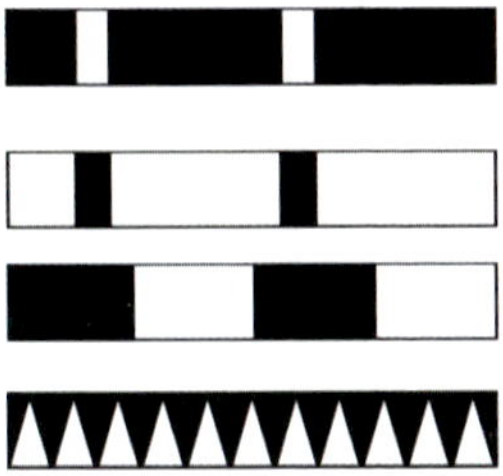

À éclats : durées de lumière plus courtes que les durées d'extinction.

À occultations : durées d'extinction plus courtes que les durées de lumière.

Isophase : durées de lumière et d'extinction égales.

Scintillant : succession d'éclats très rapides.

MARQUES CARDINALES

De jour

De nuit

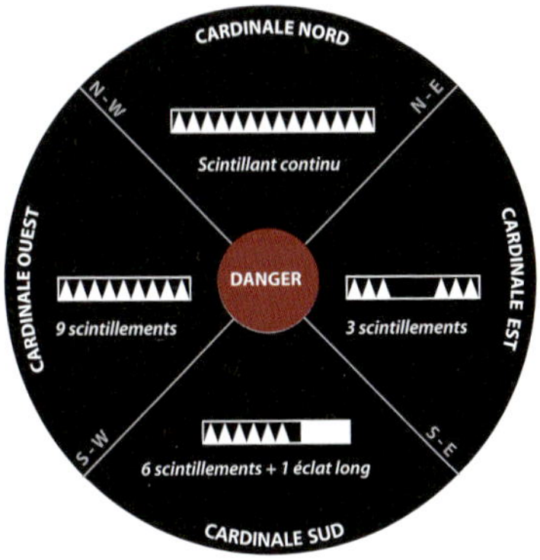

EAUX SAINES

- Marque d'atterrissage.
- Partie la plus profonde du chenal.
- Il faut se diriger vers elle.

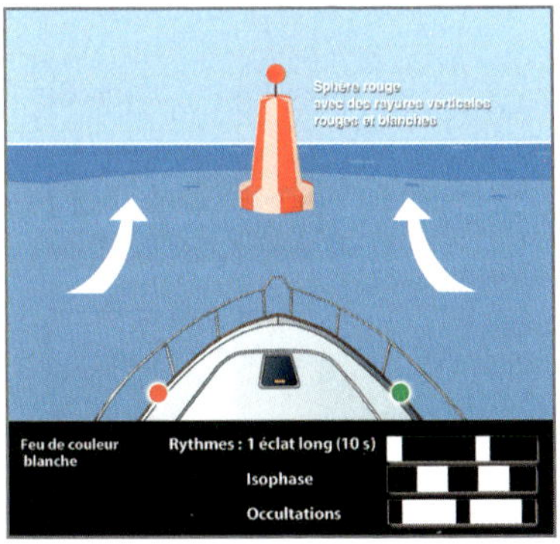

DANGER ISOLÉ

Hauts-fonds ou épaves, localisés.

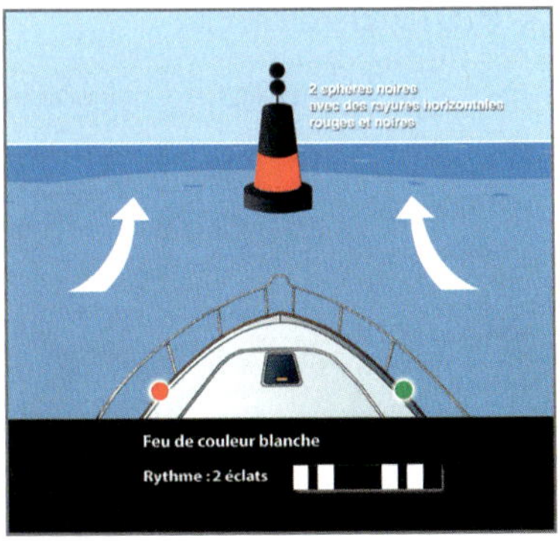

DANGER NOUVEAU GRAVE

2 bouées identiques côte à côte (latérales ou cardinales).

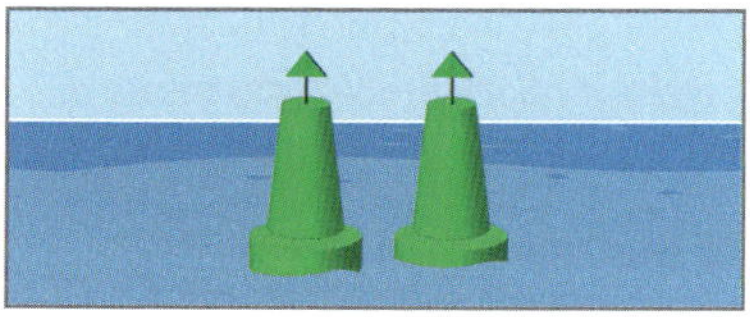

MARQUE SPÉCIALE

- Câbles sous-marins.
- Zone de culture ostréicole.
- Zone d'exercices militaires.
- Etc…

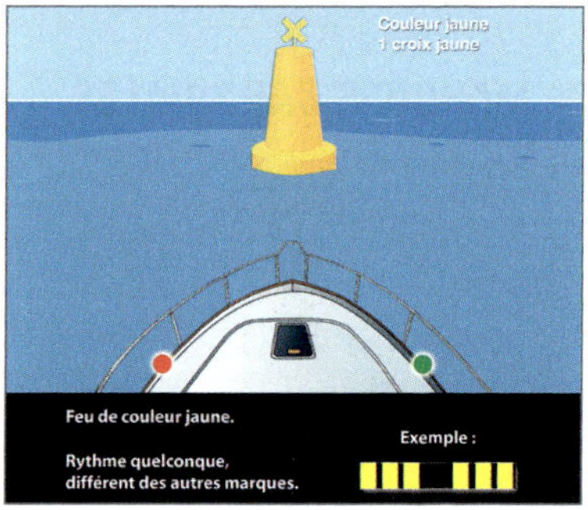

BALISAGE DES PLAGES

(même s'il n'est pas présent)

- Espacées de 200 m = zone des 300 m.
- Vitesse limitée : 5 nœuds.
- Rapprochées = baignade.

CHENAL TRAVERSIER

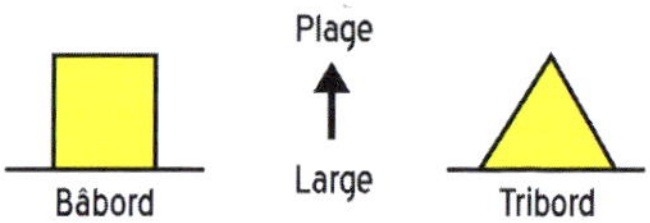

PICTOGRAMMES

	Autorisation	Interdiction		Autorisation	Interdiction
Embarcations de sport ou de plaisance			Ski nautique		
Navires à moteur			Véhicules nautiques à moteur (VNM)		

AUTORISATION	
	Passage autorisé en sens unique.
	Passage autorisé à double sens, attention aux navires en sens inverse.
	Passage autorisé sur ordre transmis par les autorités du port.

INTERDICTION	
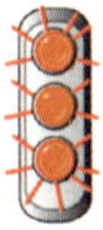	Danger grave, entrée interdite.
	Passage interdit.
DÉROGATIONS pour les navires de plaisance	
	1 feu jaune autorise la circulation en dehors du chenal, malgré l'interdiction.
	1 feu jaune autorise la circulation en dehors du chenal, malgré la restriction.

LES RESPONSABILITÉS DU CHEF DE BORD

Le chef de bord exerce le commandement et en assure les responsabilités.

La responsabilité du chef de bord commence avant l'appareillage, avec l'obligation :

- de s'assurer que toutes les conditions de sécurité sont remplies à bord,
- de prendre connaissance du Registre de Vérification Spécial du bateau (même s'il est loué),
- de vérifier le niveau de carburant,
- de consulter la météo,
- de prévenir quelqu'un à terre (capitainerie, famille, etc.) de ses intentions de sortir et de son itinéraire.

Il doit également :

- respecter la police de la navigation,
- respecter le RIPAM,
- utiliser les feux et les signaux adéquats,
- décider des routes à suivre,
- éviter les abordages.

Lors d'un contrôle, il doit présenter la carte de circulation ou l'acte de francisation du navire et son permis plaisance en eaux maritimes.

En cas de chute à l'eau d'une personne, il doit surveiller ou faire surveiller la personne. Si elle est perdue de vue, il faut immédiatement prévenir le CROSS et commencer les recherches.

Il doit impérativement vérifier la présence et la conformité du matériel de sécurité même si le bateau a été prêté.

FEUX ET MARQUES DES NAVIRES

Les feux doivent être allumés du coucher au lever du soleil et par visibilité réduite.

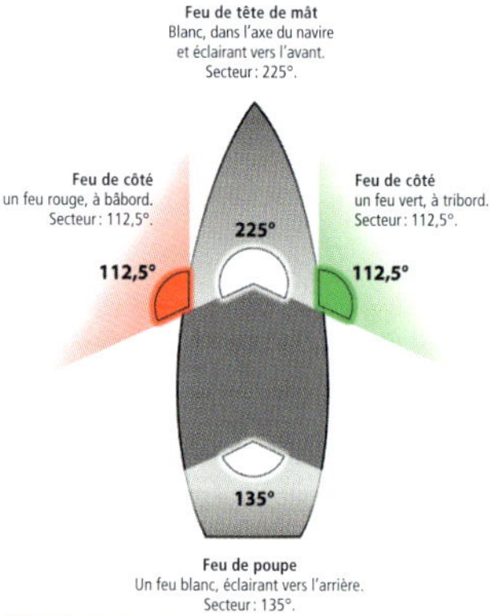

Non maître de sa manœuvre	Sans feux blancs de tête de mât	
À capacité de manœuvre restreinte avec obstruction Passez du côté libre	obstruction libre	libre
Handicapé par son tirant d'eau		
Pêcheur	chalutiers autres	
Voilier		
Pilote		PILOTE
Remorqueur avec remorque	-200 m +200 m	+200 m
Mouillage	360° 360° 360° -50 m +50 m	
Échoué	360° 360° 360° -50 m +50 m	
Navire transportant des matières dangereuses		

RÈGLES DE BARRE ET DE ROUTE

RELÈVEMENT OU GISEMENT CONSTANT = RISQUE D'ABORDAGE

NAVIRE RATTRAPÉ (QUEL QUE SOIT LE TYPE DE NAVIRE)

- le navire rattrapant doit manœuvrer,
- le navire rattrapé garde son cap et sa vitesse.

NAVIRES PRIVILÉGIÉS

1. Navire non maître de sa manœuvre
2. Navire à capacité manœuvre restreinte
3. Navire handicapé par son tirant d'eau
4. Navire en action de pêche
5. Voilier navigant uniquement à la voile
6. Navire à rames
7. Navire à moteur non compris dans les cas 1 à 3

ROUTES DIRECTEMENT OPPOSÉES DE 2 NAVIRES À PROPULSION MÉCANIQUE

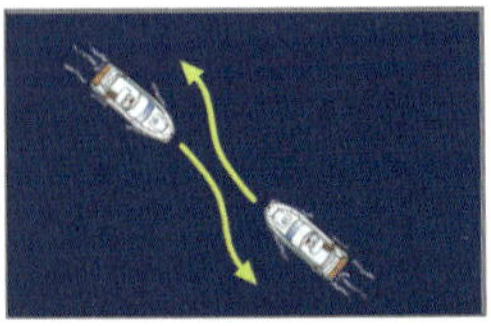

PRIVILÈGE À DROITE (ENTRE 2 NAVIRES À MOTEUR)

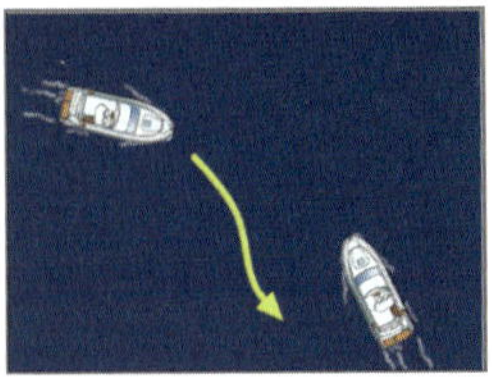

Le navire à moteur qui voit l'autre navire sur tribord doit s'écarter de sa route. Cependant, même privilégié, il doit tout faire pour éviter un abordage.

PAR VISIBILITÉ RÉDUITE : RÉDUIRE SA VITESSE ET SE SIGNALER

DANS UN CHENAL

1. Tenir sa droite.
2. Le mouillage est interdit dans le chenal.
3. Couper le chenal le plus perpendiculairement à son axe.
4. Si moins de 20 mètres, faciliter le passage des plus grands.

SIGNAUX DE MANŒUVRE ET D'AVERTISSEMENT

●	Je viens sur tribord.	●●●●●...	J'ai des doutes sur votre manœuvre.
●●	Je viens sur bâbord.	▬ ▬ ●	Je veux dépasser sur tribord.
●●●	Je bats en arrière.	▬	Attention !

SIGNAUX DE BRUME

NAVIRE FAISANT ROUTE (TOUTES LES 2 MINUTES)

▬	Avec erre
▬ ▬	Stoppé sans erre
▬ ● ●	Privilégié + remorqueur
▬ ● ● ●	Remorqué
● ● ● ●	Pilote (qui se signale)

MOUILLAGE (TOUTES LES MINUTES)

🔔 5 secondes

ÉCHOUÉ (TOUTES LES MINUTES)

3 x 🔔 + 🔔 5 secondes + 3 x 🔔

PLONGÉE

Passer au moins à 100 m.

VNM : VÉHICULE NAUTIQUE À MOTEUR

- Navigation nocturne interdite.
- Ils sont considérés comme des navires à moteur pour les règles de barre et de route.
- Les VNM en position debout peuvent s'éloigner jusqu'à 2 milles d'un abri.
- Les VNM en position assise peuvent s'éloigner jusqu'à 6 milles d'un abri.

SKI NAUTIQUE

- 2 personnes à bord du bateau tractant (sauf si moniteur breveté).
- Le bateau tractant ne bénéficie d'aucun privilège supplémentaire.

ENGIN PNEUMATIQUE REMORQUÉ

- Le bateau tractant doit pouvoir récupérer tous les équipiers à bord sans dépasser la capacité maximum du bateau.
- Câble de remorquage de couleur vive et flottant.
- Flamme orange de 2 mètres visible sur le bateau tracteur.
- Brassières de couleur vive portées par les équipiers.

ÉCLUSES

Se mettre au point mort, s'amarrer, régler ses amarres.

ENVIRONNEMENT

- Rincer l'ancre.
- Se renseigner sur les fonds avant de mouiller l'ancre.
- Ne pas caréner sur une plage, mais sur les aires appropriées.
- Jeter les déchets dans les containers spécialisés des ports.
- Les sites Natura 2000 sont identifiés pour la rareté et la fragilité de leurs espèces.
- Utilisez un entonnoir pour transvaser le carburant.
- Les produits chlorés et les peintures à l'étain sont interdits.
- Respectez un distance de 100 m avec les cétacés rencontrés.

PÊCHE DE LOISIR ET PÊCHE SOUS-MARINE

- **Pêche**: 2 casiers réglementaires maximum par bateau.
- **Chasse sous-marine**: elle peut être pratiquée à partir de 16 ans, uniquement le jour et sans bouteilles. L'usage du tuba est autorisé.
- Pour certaines espèces, coupez la partie inférieure de la queue du poisson ou du crustacé.
- Il est interdit de vendre le produit de sa pêche.

AUTONOMIE EN CARBURANT

Il faut prévoir une marge de sécurité de 30 % supplémentaire. En entretenant la coque du navire, on réduit la consommation de carburant.

SIGNAUX DE DÉTRESSE

- Feu automatique à main.
- Fusée à parachute.
- Miroir de signalisation.
- Mouvements des bras de haut en bas.
- Son continu d'une sirène, d'une corne de brume, etc.
- « MAYDAY » sur VHF canal 16.
- 196 avec téléphone portable.
- Pavillons N et C.

CATÉGORIES DE CONCEPTION

Indiquée sur la plaque signalétique avec nombre de personnes autorisées.

Catégorie	Force de vent (Échelle de Beaufort)	Hauteur des vagues
A	plus de 8	plus de 4 m
B	jusqu'à 8 compris	4 m
C	jusqu'à 6 compris	2 m
D	jusqu'à 4 compris	0,5 m

ORGANISATION DE LA SÉCURITÉ EN MER

- Le CROSS coordonne les sauvetages en mer, assure une veille permanente et diffuse les BMS. On peut le joindre en composant le 196 sur un téléphone portable.
- La SNSM est une association de bénévoles qui intervient sur demande du CROSS.

NOTION D'ABRI ET ZONES DE NAVIGATION

L'abri est un endroit qui permet soit de mouiller, soit d'accoster en sécurité. Une plage peut constituer un abri si on peut y atterrir ou en repartir sans assistance.

Les 4 zones de navigations sont :

- basique < 2 milles,
- côtière < 6 milles,
- semi-hauturière : de 6 à 60 milles,
- hauturière > 60 milles.

MATÉRIEL DE SÉCURITÉ

BASIQUE	CÔTIER (BASIQUE + LISTE CI-DESSOUS)
Équipement individuel de flottabilité	Dispositif de repérage et d'assistance pour personne tombée à l'eau
Moyen de repérage lumineux	3 feux rouges automatiques
Moyen de lutte contre l'incendie	Compas magnétique
Dispositif d'assèchement manuel	Cartes marines officielles (papier ou électroniques)
Dispositif permettant le remorquage	Le règlement international pour prévenir les abordages en mer (RIPAM)
Ligne de mouillage (si masse > 250kg) sauf VNM	Description du système de balisage
Annuaire des marées	
Pour les navires francisés le pavillon national et le moyen de l'arborer	

MÉTÉO ET CARTOGRAPHIE TENUE À JOUR

- **Où la prendre ?** Capitainerie, VHF, répondeur téléphonique, Internet, radio.
- **BMS :** Bulletin Météo Spécial pour la côte diffusé par le CROSS à partir de force 7 Beaufort.
- **Grain** : fortes rafales de vent accompagnées de pluie.
- **Dépression ou chute du baromètre :** souvent synonyme de mauvais temps.
- **Vagues et houle** ont des composantes différentes.

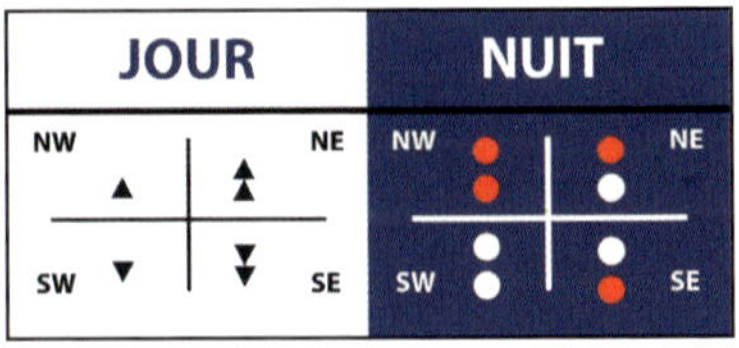

- **Vent contre courant :** augmentation de la hauteur des vagues.
- **La mer moutonne :** les vaguelettes commencent à déferler (= écume).
- **Brise thermique :** vent formé le jour ou la nuit par la différence de température entre la terre et la mer.
- **Libeccio, mistral, tramontane :** vents Méditerranéens.
- **Le flot :** marée montante.

COULEURS CARTE	Terre / Estran / Sondes / positives	3 Sonde positive	3 Sonde négative	Ligne de niveau ou isobathe
				Zéro hydrographique : niveau de la mer lors des plus grandes basse-mers (cœf. 120)

COULEURS MARQUES	G vert Y jaune W blanc B noir R rouge	EXEMPLES DE RYTHMES DES FEUX	Fl(2) : feu blanc à 2 éclats groupés Oc(3)R10s : feu rouge à 3 occultations toutes les 10 secondes Iso G : feu isophase vert Q(9)15s : feu blanc à 9 scintillements toutes les 15 secondes

R		RW	BRB	BY	YB	BYB	YBY	Y
Latérale bâbord	Latérale tribord	Eaux saines	Danger Isolé	Cardinale nord	Cardinale sud	Cardinale est	Cardinale ouest	Marque spéciale

Phare	BY Bouée cardinale nord dotée d'un feu	G Bouée latérale tribord dotée d'un feu
Port de pêche	⊙ C G Sémaphore	Port de plaisance

Pêche Interdite	Mouillage	Mouillage interdit

ÉPAVES			ROCHES		
Wk			à fleur d'eau	couvrante et découvrante	toujours submergée

LA MARÉE

- **La marée** est le mouvement montant (**flux ou flot**) puis descendant (**reflux ou jusant**) des eaux des mers et des océans.
- Le niveau le plus haut atteint par la mer au cours d'un cycle de marée est appelé **pleine mer** (marée haute). Le niveau le plus bas est **la basse mer** (marée basse).
- **Le marnage** est la différence de hauteur d'eau entre la pleine mer et la basse mer (ex : marnage de 6 m).
- La zone alternativement couverte et découverte par la mer s'appelle **l'estran ou zone de marnage.**
- Le coefficient de marées s'exprime en centièmes et varie de 20 à 120, et indique la force de la marée. Le coefficient moyen est 70. Les coefficients sont les plus forts lors des marées les plus importantes.
- Les marées les plus faibles sont appelées mortes eaux (ME) et les plus fortes vives eaux (VE).
- Les marées sont différentes en horaire et en hauteur d'un port à l'autre.
- En un point donné, la sonde est la mesure de la distance verticale entre le fond de la mer et le niveau « zéro de la mer » (basse mer théorique de coefficient 120).

La sonde est positive, lorsque le fond de la mer est en dessous de ce niveau théorique.
La sonde est négative, lorsque le fond de la mer est au-dessus de ce niveau théorique.

- La profondeur est la distance verticale mesurée entre la surface et le fond de la mer en un lieu donné.
- Pour les navigations en Manche et en Atlantique, il faut avoir obligatoirement les informations sur les marées.

VHF

- SMDSM : Système Mondial de Détresse et de Secours en Mer.
- La radio en mer a pour but essentiel la sauvegarde de la vie humaine.
- Les VHF transmettent sur la gamme des 156 MHz.
- **Il est strictement interdit d'utiliser un poste VHF à terre !**

LE POSTE VHF PORTATIF : LA PUISSANCE D'ÉMISSION NE DOIT PAS DÉPASSER 6 WATTS.

LE POSTE FIXE VHF-ASN : IL ÉMET EN 1 OU 25 WATTS.

Le contrôleur ASN (Appel Sélectif Numérique) permet de transmettre et de recevoir automatiquement des appels de détresse, d'urgence ou de sécurité.
Couplé à un GPS, le poste VHF-ASN peut transmettre les coordonnées géographiques d'une position.

À L'ÉTRANGER, LE PLAISANCIER DOIT ÊTRE TITULAIRE DU CRR.

Information sur le récepteur VHF ASN	Traduction
MOB (Man Overboard)	Homme à la Mer
Adrift	À la dérive (bateau)
Flooding	Voie d'eau
Grounding	Echouement (involontaire)
Listing	Bateau gîté pouvant chavirer
Sinking	Le bateau coule

ZONES COUVERTES PAR LE SMDSM

Zone A1 (celle de la VHF) : zone de couverture, d'au moins une station côtière VHF, dans laquelle la fonction ASN (Appel Sélectif Numérique) est disponible en permanence (portée radio : 20 à 30 milles).

L'ANFR (AGENCE NATIONALE DES FRÉQUENCES RADIO)

Tout propriétaire ou utilisateur d'un navire doit être en possession d'une licence autorisant l'installation et l'exploitation de la station de bord. Tous les postes sont soumis à cette règle.

MMSI (MARITIME MOBILE SERVICE IDENTITY)

L'indicatif d'appel comprend la nationalité et l'identité du navire. Il n'est pas autorisé d'utiliser le même indicatif pour plusieurs installations.

Il est composé de 9 chiffres. Les 3 premiers sont le MID.

Les CROSS (Centres Régionaux Opérationnels de Surveillance et de Sauvetage) ont un MID particulier.

UTILISATION PRATIQUE D'UN POSTE VHF

Le squelch est un dispositif de réglage de la sensibilité de la réception de la VHF.

Dans les zones portuaires, et pour des liaisons à courte distance, il est conseillé d'utiliser la puissance réduite.

Canal 16	Appel de détresse en phonie. C'est aussi le canal d'appel général (dégager rapidement sur un canal navire-navire). Appel d'une station côtière (si on ne connaît pas son canal de veille habituel).
Canal 9	Capitainerie du port.
Canaux 06, 08, 72, 77	Appel entre navires.
Canal 70	Canal de veille automatique des postes VHF-ASN. C'est un canal exclusivement numérique. Il n'est pas possible de l'utiliser en phonie.

IL N'EST PAS POSSIBLE DE PARLER EN MÊME TEMPS QUE SON INTERLOCUTEUR.

APPELS EN PHONIE

Type	Priorité	Signal d'alarme
Détresse	Absolue	MAYDAY
Urgence	2	PAN-PAN
Sécurité	3	SÉCURITÉ

À la réception, si aucune station n'a répondu dans un délai de cinq minutes, indiquer au bateau en détresse qu'il a été entendu et que vous pouvez lui porter secours : essayer d'avertir une station côtière ou un centre de secours.

Un appel simple vers un navire se fait sur le canal 16 dégager sur une fréquence « navire-navire » pour poursuivre la communication.

N° de Canal	Type de communication
16	Appel de détresse en phonie et canal d'appel
09	Capitainerie de port de plaisance
06 08 72 77	Liaisons entre navires
70	Canal automatique de veille ASN (numérique)

APPELS EN MODE ASN

Les appareils VHF couplés à un contrôleur ASN permettent d'appeler, et de transmettre en mode numérique, sur le canal 70, des messages et des alertes.

Ainsi 3 types de messages peuvent être envoyés :

- DÉTRESSE
- URGENCE (SÉCURITÉ)
- ROUTINE

Si le poste VHF-ASN est couplé à un GPS il est possible de transmettre la position du bateau.

PROCÉDURE À SUIVRE EN CAS D'APPEL DE DÉTRESSE, OU D'URGENCE ERRONÉ

Fausse manipulation d'un appel ASN, le signaler aussitôt.

TABLEAU D'ÉPELLATION DE L'ALPHABET PHONÉTIQUE INTERNATIONAL

Lettre à transmettre	Mot de Code	Lettre à transmettre	Mot de Code	Lettre à transmettre	Mot de Code
A	Alfa	J	Juliett	S	Sierra
B	Bravo	K	Kilo	T	Tango
C	Charlie	L	Lima	U	Uniform
D	Delta	M	Mike	V	Victor
E	Echo	N	November	W	Whiskey
F	Foxtrot	O	Oscar	X	X-ray
G	Golf	P	Papa	Y	Yankee
H	Hotel	Q	Québec	Z	Zulu
I	India	R	Romeo		

EXAMENS BLANCS

EXAMEN BLANC A

1 Que sont ces bouées jaunes au voisinage d'une plage ?

- A Des bouées de zone interdite aux embarcations à moteur
- B Des bouées bâbord de chenal traversier
- C Des bouées tribord de chenal traversier

2 Au minimum, quel feu doit montrer de nuit une embarcation de moins de 7 mètres ne pouvant dépasser 7 nœuds ?

- A Un feu blanc
- B Un feu rouge
- C Un feu vert

3 Les heures de pleines mers et de basses mers sont-elles les mêmes partout en France ?

- A Oui
- B Non

4 Ce pavillon rouge montré par ce navire signifie :

- A qu'il est non maître de sa manœuvre
- B qu'il transporte des matières dangereuses
- C qu'il effectue une manœuvre dangereuse

5 À l'entrée d'un port, que signifie ce signal ?

- A Les navires doivent attendre
- B Les navires peuvent passer (trafic en sens unique)
- C Les navires peuvent passer (trafic en double sens)

6 En météorologie marine, le terme « grains » correspond à :

- A des rafales de vent mêlées de pluie réduisant beaucoup la visibilité
- B des bancs de brume statiques particulièrement denses
- C des vagues déferlantes d'une hauteur supérieure à 1,25 m

7 Vous êtes sur le navire à moteur blanc et vous êtes rattrapé par un navire à moteur ? Que faites-vous ?

- ❍ **A** Je facilite sa manœuvre en venant de la droite
- ❍ **B** Je conserve mon cap et ma vitesse
- ❍ **C** Je viens sur ma gauche

8 Vous voyez ces feux. S'agit-il :

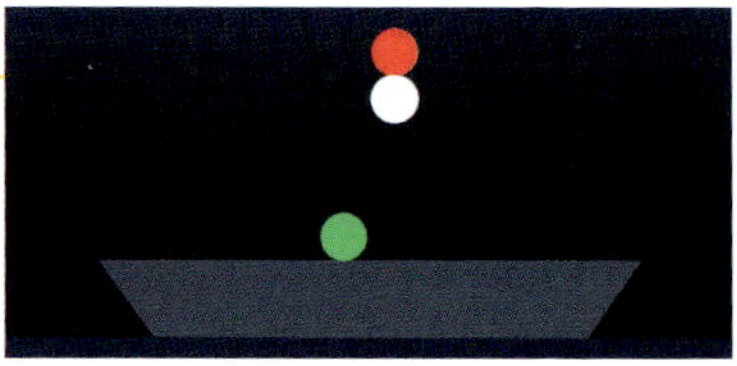

- ❍ **A** d'un bateau pilote
- ❍ **B** d'un navire de pêche
- ❍ **C** d'un navire à capacité de manœuvre restreinte

9 À quoi correspond « l'erre » du bateau ?

- ❍ **A** À l'inertie due à la vitesse
- ❍ **B** À la profondeur maximale de la coque sous la surface
- ❍ **C** À la hauteur maximale du bateau au-dessus de la surface

10 Ce bateau sort du port :

- ❍ **A** il passe du bon côté de la balise
- ❍ **B** il passe du mauvais côté de la balise

11 Lors d'un remplissage du réservoir de carburant vous devez :

- ❍ **A** utiliser un détergent en cas de débordement
- ❍ **B** utiliser un entonnoir afin d'éviter tout débordement

12 Le pilote d'un bateau remorquant un skieur nautique peut être seul à bord si :

- ❍ **A** il est dans la bande côtière des 300 mètres
- ❍ **B** il a mis sa brassière de sauvetage
- ❍ **C** il est titulaire d'un Brevet d'État de moniteur de ski nautique

13 **Le permis côtier permet à son titulaire de naviguer jusqu'à 6 milles d'un abri. Qu'appelle-t-on un abri ?**

- ❍ **A** Tout lieu où un navire peut soit accoster, soit mouiller en sécurité
- ❍ **B** La côte dont le terme abri est synonyme
- ❍ **C** Les stations équipées d'un canot de sauvetage

14 **Par mer formée, vous perdez rapidement de vue un de vos passagers tombé à l'eau. Que faites-vous ?**

- ❍ **A** J'alerte immédiatement le CROSS et je commence la recherche
- ❍ **B** J'alerte le CROSS après une recherche infructueuse
- ❍ **C** J'attends l'arrivée des secours pour commencer les recherches

15 **Les régimes des vents de l'océan Atlantique et du bassin méditerranéen sont différents.**

- ❍ **A** Vrai
- ❍ **B** Faux

16 **Pour contacter la capitainerie d'un port de plaisance, j'appelle sur :**

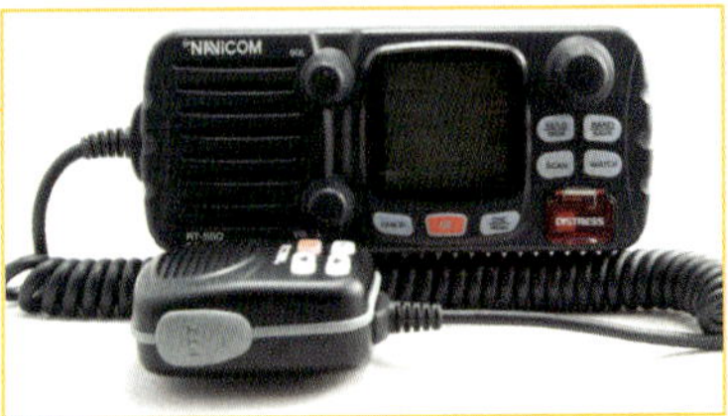

- ❍ **A** le canal 6
- ❍ **B** le canal 9
- ❍ **C** le canal 16
- ❍ **D** le canal 70

17 **Comment épelez-vous le nom du navire SHARK ?**

- ❍ **A** Sarah Hotel Alma Rodeo Kaki
- ❍ **B** Samba Hugo Alfa Romeo Kali
- ❍ **C** Sierra Hotel Alfa Romeo Kilo
- ❍ **D** Salsa Hugo Alma Rodeo Kiwi

18 **Lequel de ces noms ne correspond pas à un vent local méditerranéen ?**

❍ **A** Mistral ❍ **B** Tramontane ❍ **C** Libeccio ❍ **D** Jusant

19 Sur un mât à signaux, vous voyez ce signal. Cela signifie :

- ❍ **A** coup de vent ou tempête dans toutes les directions
- ❍ **B** coup de vent ou tempête commençant dans le cadran Sud-Ouest
- ❍ **C** saute de vent, changement de direction dans le sens des aiguilles d'une montre

20 Un feu à occultations se caractérise par :

- ❍ **A** des temps de lumière plus longs que les temps d'obscurité
- ❍ **B** des temps de lumière plus courts que les temps d'obscurité
- ❍ **C** des temps de lumière et d'obscurité de durée égale

21 Lors de la mise en œuvre d'une VHF pour un message de détresse, laquelle de ces actions est primordiale ?

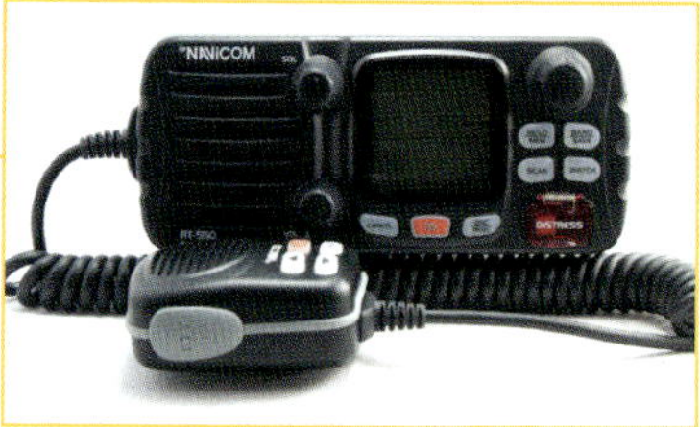

- ❍ **A** Lancer la double veille
- ❍ **B** Entrer le MMSI
- ❍ **C** Vérifier la puissance d'émission

22 À la vue de ces marques, de jour, je passe :

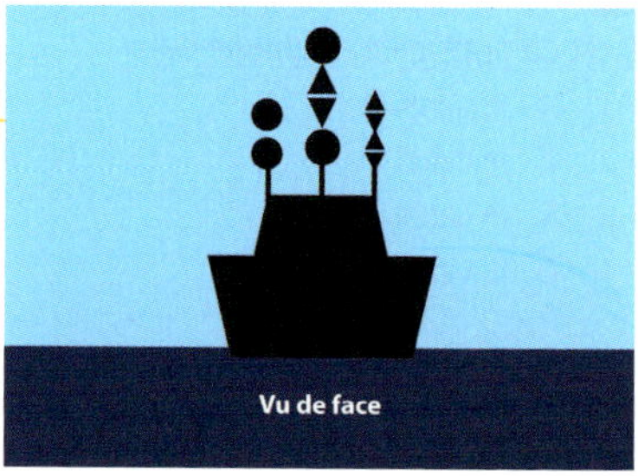

- ❍ **A** du côté des deux boules noires superposées
- ❍ **B** du côté des deux losanges superposés

23 Un compas magnétique est obligatoire pour une navigation au-delà de :

- ❍ **A** 300 mètres de la côte
- ❍ **B** 2 milles d'un abri
- ❍ **C** 6 milles d'un abri

24 **Un véhicule nautique à moteur pouvant s'éloigner jusqu'à 6 milles d'un abri doit embarquer au moins :**

- ❍ **A** un compas magnétique ou un GPS indiquant un cap
- ❍ **B** une ligne de mouillage
- ❍ **C** une carte marine de la zone de navigation
- ❍ **D** un miroir de signalisation

25 **Avec un tirant de 1 mètre et une marge de sécurité de 0,50 m, quelle hauteur d'eau sera nécessaire pour passer une sonde de 2 mètres ?**

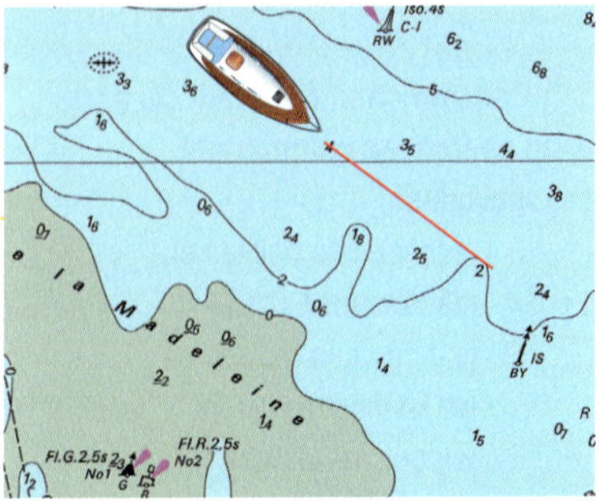

- ❍ **A** 2 mètres
- ❍ **B** 1 mètre
- ❍ **C** 0,50 mètre
- ❍ **D** Il ne sera pas nécessaire de tenir compte de la hauteur d'eau

26 **Dans un parc national marin, le mouillage peut-il être interdit dans une zone délimitée ?**

- ❍ **A** Oui
- ❍ **B** Non
- ❍ **C** Oui, mais cela ne s'applique jamais aux navires de plaisance

27 **Pour aller de A à B, quel parcours suivez-vous ?**

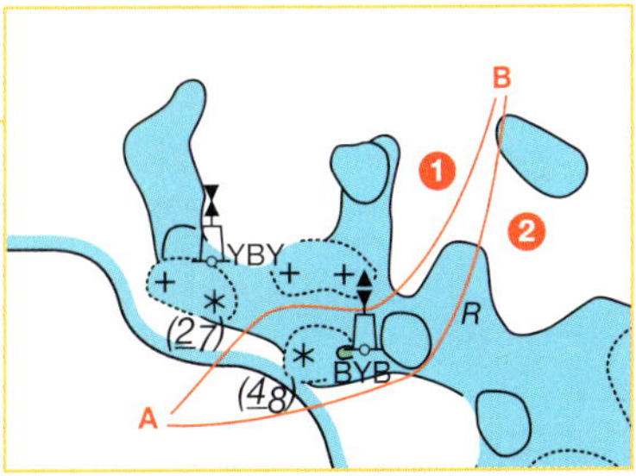

- ❍ **A** Parcours 1
- ❍ **B** Parcours 2

28 Ce bateau vient de me rattraper et me dépasse. Lorsqu'il se trouve par mon travers, qui est privilégié ?

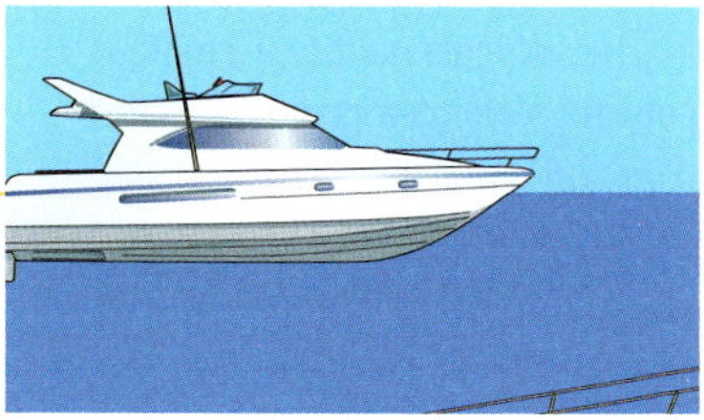

- A Je suis privilégié
- B Le bateau rattrapant est privilégié
- C Aucun des deux n'est privilégié

29 Quel est le secteur du feu blanc de mât d'un navire à moteur ?

- A 225°
- B 135°
- C 112,5°

30 Dans un chenal sortant du port, vous apercevez uniquement ces marques :

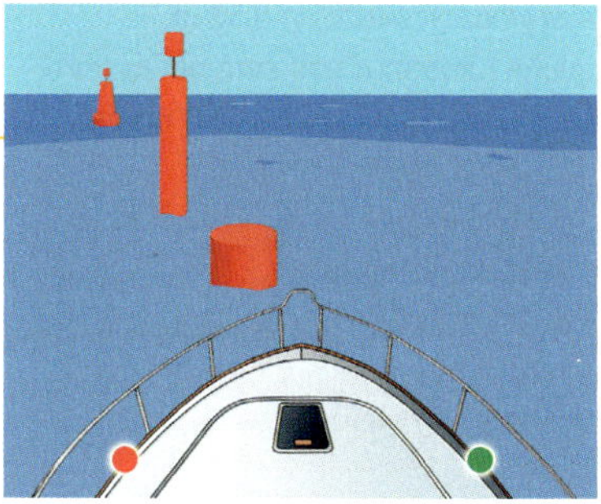

- A je longe ces balises en les laissant à droite
- B je longe ces balises en les laissant à gauche
- C je peux me diriger vers le large sans en tenir compte

EXAMEN BLANC B

1 Sur l'échelle de Beaufort, un vent de force 8 indique :

- A coup de vent
- B tempête
- C petite brise

2 Vous apercevez cette bouée droit devant. Que faites-vous ?

- A Je m'écarte indifféremment à droite ou à gauche
- B Je m'écarte impérativement à droite
- C Je m'écarte impérativement à gauche

3 La catégorie de conception « C » d'un navire de plaisance indique qu'il est conçu pour des voyages au cours desquels les vents peuvent aller :

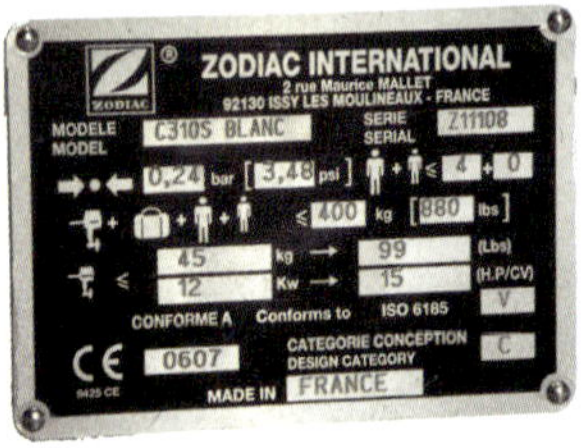

- A jusqu'à la force 4 comprise
- B jusqu'à la force 6 comprise
- C jusqu'à la force 10 comprise

4 Un avis urgent aux navigateurs concernant un danger pouvant affecter la navigation sera diffusé sous la forme :

- A d'un message d'urgence
- B d'un message de sécurité
- C d'un message de routine

5 Vous voyez ces feux. S'agit-il :

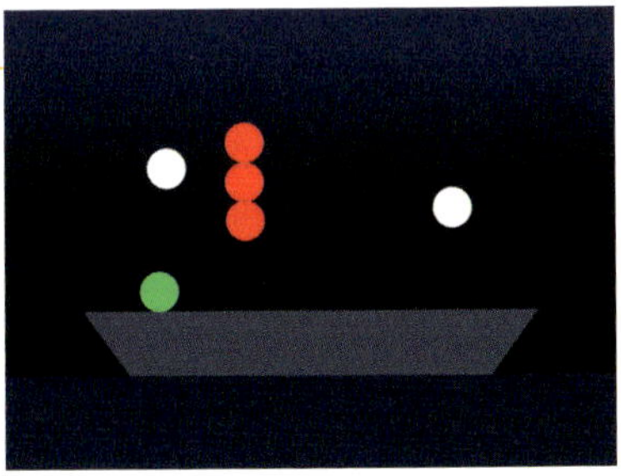

- A d'un navire handicapé par son tirant d'eau
- B d'un navire échoué
- C d'un navire non maître de sa manœuvre

6 **Vous avez l'intention de battre en arrière. Quel signal sonore émettez-vous ?**

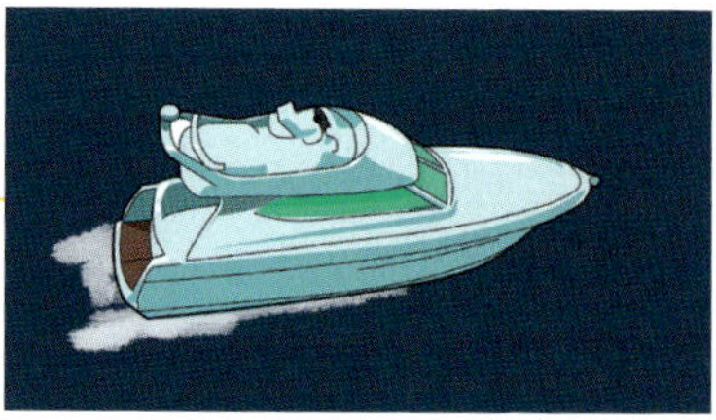

- ❍ **A** 1 son bref
- ❍ **B** 3 sons brefs
- ❍ **C** 5 sons brefs

7 **Dans l'entretien du navire, un produit à base de chlore est :**

- ❍ **A** à proscrire
- ❍ **B** recommandé

8 **Quelle épellation du nom du navire MARIE est correcte ?**

- ❍ **A** Mambo Alma Romeo India Echo
- ❍ **B** Mambo Alfa Rodeo Irma Elbow
- ❍ **C** Mike Alfa Romeo India Echo
- ❍ **D** Mike Alma Rodeo Irma Elbow

9 **Dans un chenal étroit, le signal « deux sons prolongés suivis de deux sons brefs », émis par un navire qui vous rattrape, signifie :**

- ❍ **A** je compte vous dépasser sur votre tribord
- ❍ **B** je ne compte pas vous dépasser
- ❍ **C** je compte vous dépasser sur votre bâbord

10 **Le terme « la mer moutonne » signifie que :**

- ❍ **A** la température de l'eau est en baisse
- ❍ **B** la marée finit de descendre
- ❍ **C** les vagues se forment à cause du vent

11 **Vous vous rapprochez d'un navire dont les relèvements successifs espacés de 5 minutes chacun ont été de 210, 200, 210. Y a-t-il danger ?**

- ❍ **A** Oui
- ❍ **B** Non

12 **Vous apercevez cette balise dont le voyant n'est pas identifiable :**

- A vous devez obligatoirement identifier son voyant pour déterminer la route à suivre
- B vous passez indifféremment à droite ou à gauche
- C vous pouvez vous fier à sa couleur pour déterminer la route à suivre

13 **Comment épelez-vous le nom du navire JASON ?**

- A Juliett Alfa Sierra Oscar November
- B Julia Alfa Samba Otto Nina
- C Jimmy Alma Salsa Olla Nada
- D Julie Anda Solo Octo Nino

14 **Cette balise est :**

- A une marque cardinale Nord
- B une marque cardinale Est
- C une marque cardinale Ouest
- D une marque cardinale Sud

15 **Ce voilier fait route de collision avec mon navire à moteur :**

- A je suis privilégié
- B le voilier est privilégié
- C aucun des deux n'est privilégié

16 **Pour lequel de ces coefficients de marées rencontre-t-on les courants les plus forts ?**

- A Coefficient 92
- B Coefficient 68
- C Coefficient 32

17 **En mer, dans la brume, vous entendez un son prolongé suivi de deux brefs. S'agit-il :**

- ❍ **A** d'un navire remorqué
- ❍ **B** d'un navire non maître de sa manœuvre
- ❍ **C** d'un navire à propulsion mécanique en route sans erre

18 **Dans certains cas, il est possible d'être localisé grâce à une émission VHF, lorsque le VHF est couplée au GPS :**

- ❍ **A** oui
- ❍ **B** non

directement en phonie par un moyen de sauvetage :

- ❍ **C** oui
- ❍ **D** non

19 **Le navire tractant un engin pneumatique doit arborer la marque suivante :**

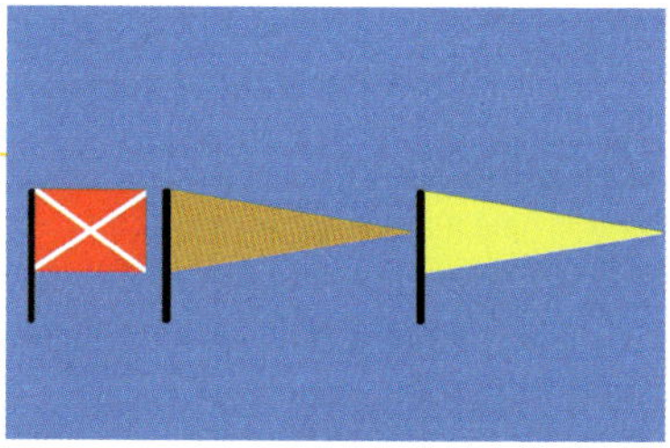

- ❍ **A** un pavillon rouge avec une croix blanche
- ❍ **B** une flamme fluorescente orange de 2 mètres
- ❍ **C** une flamme fluorescente jaune

20 **Qu'indique cette bouée jaune ?**

- ❍ **A** Bouée cardinale Est
- ❍ **B** Limite baignade/navigation
- ❍ **C** Danger isolé

21 **Quels sont le secteur d'angle de vision et la couleur du feu bâbord d'un navire ?**

- ❍ **A** 112° 5 et verte
- ❍ **B** 135° et rouge
- ❍ **C** 112° 5 et rouge

22 **La réglementation fixe un armement minimum pour les navires de plaisance.**

- A Vrai
- B Faux
- C Le chef de bord peut embarquer du matériel complémentaire

23 **Ce véhicule nautique à moteur peut s'éloigner au maximum :**

- A jusqu'à 300 mètres d'un abri
- B jusqu'à 2 milles d'un abri
- C jusqu'à 6 milles d'un abri

24 **Ce symbole sur la carte marine représente :**

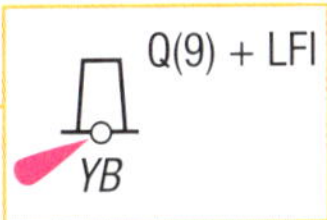

une balise éclairée la nuit

- A Oui
- B Non

une marque cardinale Nord

- C Oui
- D Non

25 **Un mille marin est égal à :**

- A 1 153 mètres
- B 1 609 mètres
- C 1 852 mètres

26 **Dans cette liste, quelles sont les actions respectueuses de l'environnement marin ?**

- A Rincer l'ancre après un mouillage pour éviter la propagation des algues locales
- B Caréner son navire sur une plage
- C S'informer de la nature du fond avant de mouiller l'ancre
- D Utiliser des détergents agressifs pour le nettoyage du navire

27 Que signifie une marée de mortes eaux ?

- ❍ **A** Une marée dont le marnage est grand
- ❍ **B** Une marée dont le marnage est faible

28 Lorsque je communique avec un autre navire en VHF :

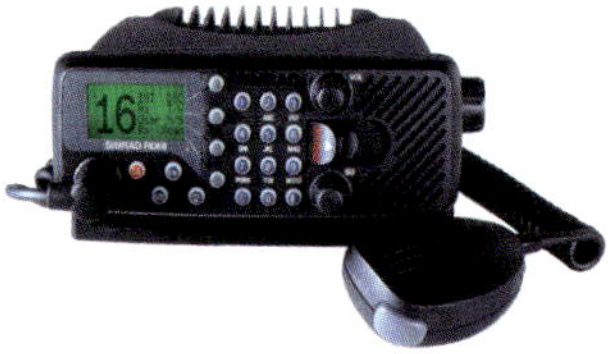

- ❍ **A** je peux parler en même temps que mon interlocuteur
- ❍ **B** je dois parler en alternance avec mon interlocuteur

29 En région A et venant du large, vous apercevez sur votre avant tribord ce feu.

- ❍ **A** Vous le laissez indifféremment sur tribord ou sur bâbord
- ❍ **B** Vous conservez votre cap et vous le laissez obligatoirement sur tribord
- ❍ **C** Vous conservez votre cap et vous le laissez obligatoirement sur bâbord

30 Quels sont le secteur d'angle de vision et la couleur du feu de poupe d'un bateau ?

- ❍ **A** 135° et rouge
- ❍ **B** 112,5° et blanche
- ❍ **C** 135° et blanche

EXAMEN BLANC C

1 La réglementation fixe un armement minimum pour les navires de plaisance.

- A Vrai
- B Faux
- C Le chef de bord peut embarquer du matériel complémentaire

2 Un plaisancier doit couper, en pêche de loisir et pour certaines espèces :

- A la partie inférieure de la queue du poisson ou du crustacé
- B la tête du poisson ou du crustacé

3 Vous dirigeant vers la plage, vous apercevez cette ligne de bouées rapprochées.

- A Je n'en tiens pas compte
- B Je ne franchis pas ces bouées et cherche un chenal traversier
- C Je franchis ces bouées en réduisant ma vitesse

4 Lors de la découverte d'une zone polluée, le plaisancier doit prévenir immédiatement les autorités maritimes :

- A faux
- B vrai

5 Vous souhaitez emmener en mer 5 personnes sur votre navire de plaisance, mais vous n'avez à bord que 4 brassières de sauvetage. Pouvez-vous prendre la mer ?

- A Oui, si vous ne vous éloignez pas à plus de 2 milles d'un abri
- B Oui, si votre navire est approuvé pour 6 personnes au minimum
- C Non

6 En cas de panne de moteur, sans GPS, on peut donner sa position dans un message PAN PAN en indiquant :

- A le port de départ et le point d'arrivée
- B la proximité immédiate d'un point connu sur la carte
- C la profondeur donnée par le sondeur

7 Comment est symbolisée cette balise sur une carte marine ?

- ❍ **A** Symbole 1
- ❍ **B** Symbole 2
- ❍ **C** Symbole 3

8 Quelle épellation du nom du navire LICORNE est correcte ?

- ❍ **A** Linda India Charlie Oscar Rodeo November Echo
- ❍ **B** Lima India Charlie Oscar Romeo November Echo
- ❍ **C** Lima Irma Charlie Otto Romeo Nina Echo
- ❍ **D** Linda Irma Charlie Otto Rodeo Nina Echo

9 Comment épelez-vous le nom du navire COBRA ?

- ❍ **A** Carlos Oscar Bolero Rodeo Alfa
- ❍ **B** Charlie Oscar Bravo Romeo Alfa
- ❍ **C** Carlos Otto Bolero Romeo Alma
- ❍ **D** Charlie Otto Bravo Rodeo Alma

10 Vous voyez ces feux. S'agit-il :

- ❍ **A** d'un remorqueur en action
- ❍ **B** d'un chalutier
- ❍ **C** d'un bateau pilote

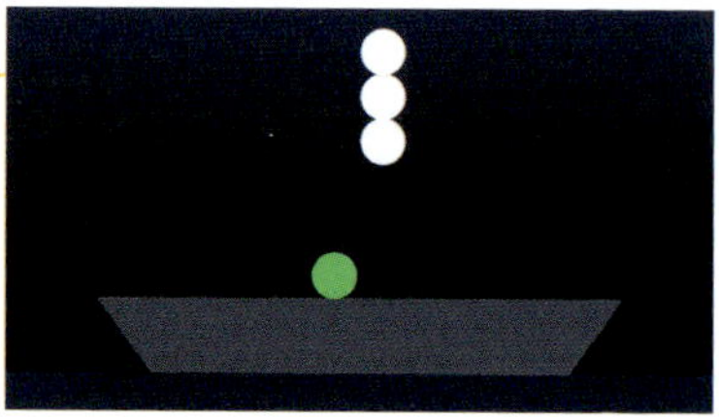

11 **La vitesse est limitée à 5 nœuds jusqu'à :**

- A 100 mètres de la côte
- B 300 mètres de la côte
- C 500 mètres de la côte
- D 1 mille nautique de la côte

12 **Quelle marque de jour doit présenter un navire non maître de sa manœuvre ?**

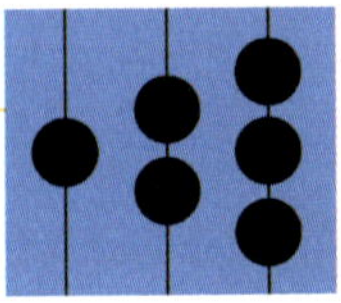

- A 1 boule noire
- B 2 boules noires
- C 3 boules noires

13 **À l'entrée du port, vous apercevez ces feux. Pouvez-vous entrer ?**

- A Oui, sans formalités particulières
- B Oui, après avoir reçu des instructions spéciales m'y autorisant
- C Oui, à double sens

14 **Vous voyez le navire rouge. Que faites-vous ?**

- A Je maintiens mon cap et ma vitesse
- B Je manœuvre
- C Je donne un coup de sifflet long

15 **L'utilisation d'un pilote automatique dispense de maintenir une veille visuelle :**

- A Vrai
- B Faux

16 **Dans cette situation, quelle est la meilleure route ?**

- A Route A
- B Route B

17 La VHF reçoit sur le 16 un message de sécurité annonçant l'émission d'un BMS sur un canal de dégagement pour votre zone de navigation.
C'est une alerte météorologique.

- A Oui
- B Non

Je dois écouter le BMS sur le canal indiqué.

- C Oui
- D Non

18 À chaque marée, les horaires et les hauteurs d'eau sont :

- A identiques dans tous les ports
- B différente en horaire mais identique en hauteur d'eau
- C différents pour chaque port

19 Ce véhicule nautique à moteur peut s'éloigner au maximum :

- A jusqu'à 300 mètres d'un abri
- B jusqu'à 2 milles d'un abri
- C jusqu'à 6 milles d'un abri

20 La brise « thermique » se crée :

- A uniquement en hiver
- B par la différence des températures entre la mer et la côte
- C toujours au grand large

21 Le navire tractant un engin pneumatique doit arborer la marque suivante :

- A un pavillon rouge avec une croix blanche
- B une flamme fluorescente orange de 2 mètres
- C une flamme fluorescente jaune

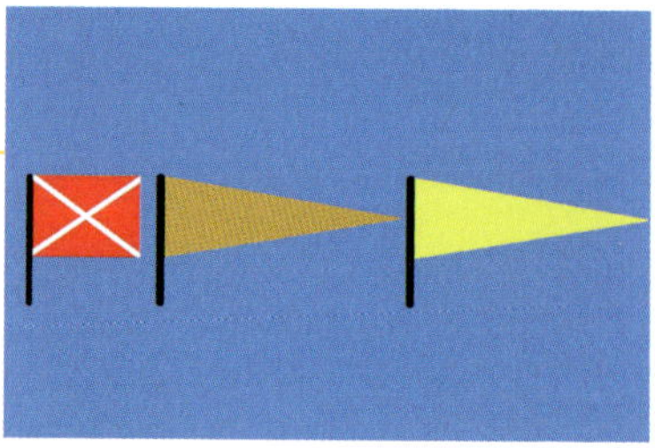

22 **Dans la brume, vous entendez 2 sons prolongés toutes les deux minutes. S'agit-il ?**

- A D'un voilier en route
- B D'un navire venant sur la gauche
- C D'un navire à propulsion mécanique sans erre

23 **Faisant route à l'Est, vous apercevez cette bouée droit devant. Que faites-vous ?**

- A Je viens à gauche
- B Je viens à droite
- C Je viens indifféremment à droite ou à gauche

24 **Une peinture antisalissure comprenant de l'étain est-elle autorisée pour l'entretien de la coque d'un navire de plaisance ?**

- A Non, en aucun cas
- B Oui
- C Oui, uniquement sur les voiliers

25 **Vous apercevez ces feux. S'agit-il :**

- A d'un bateau au mouillage
- B d'un remorqueur dont la remorque dépasse 200 mètres
- C d'un navire échoué

26 **Par visibilité réduite, à l'approche d'un port, vous entendez une volée de cloche environ toutes les 1 minute. Il s'agit :**

- A d'un navire au mouillage d'une longueur inférieure à 100 mètres
- B d'un navire faisant route avec erre
- C d'un voilier faisant route uniquement à la voile

27 En région A et venant du large, vous apercevez sur votre avant tribord ce feu.

- ❍ **A** Vous le laissez indifféremment sur tribord ou sur bâbord
- ❍ **B** Vous conservez votre cap et vous le laissez obligatoirement sur tribord
- ❍ **C** Vous conservez votre cap et vous le laissez obligatoirement sur bâbord

28 Dans cette liste, quel type de gilet de sauvetage n'est pas conforme à la réglementation ?

- ❍ **A** Le gilet à déclenchement hydrostatique
- ❍ **B** Le gilet à gonflage buccal seul
- ❍ **C** Le gilet à déclenchement automatique avec cartouche de sel

29 Cette marque de jour signifie que le navire est :

- ❍ **A** échoué
- ❍ **B** en action de pêche
- ❍ **C** au mouillage

30 Sur l'échelle de Beaufort, un vent de force 10 indique :

- ❍ **A** calme plat
- ❍ **B** tempête
- ❍ **C** petite brise

EXAMEN BLANC D

1 Que signifie une marée de vives eaux ?

- A Une marée dont le marnage est grand
- B Une marée dont le marnage est faible

2 Quel est le secteur du feu tribord ?

- A 135°
- B 112,5°
- C 225°

3 Le permis mer peut être retiré pour excès de vitesse dans la bande des 300 m.

- A Vrai
- B Faux

4 Que peut signaler cette bouée jaune ?

- A Présence de câbles sous-marins
- B Danger nouveau
- C Bouée cardinale sud

5 Pendant le sassement dans une écluse, il est obligatoire :

- A de mouiller
- B d'avoir le navire amarré

6 Êtes-vous obligé de porter secours à un navire en détresse ?

- A Oui, toujours
- B Oui, si cela ne met pas en péril votre bateau et ses occupants
- C Non

7 Comment est symbolisée cette balise sur une carte marine ?

- ❍ **A** Symbole 1
- ❍ **B** Symbole 2
- ❍ **C** Symbole 3

8 La biodégradabilité d'un sac plastique est de :

- ❍ **A** 100 à 500 ans
- ❍ **B** 10 à 80 ans
- ❍ **C** 1 à 10 ans

9 La SNSM est :

- ❍ **A** un organisme qui surveille la pêche de plaisance et organise la lutte contre la pollution
- ❍ **B** une association de bénévoles qui assurent le sauvetage en mer
- ❍ **C** une société commerciale qui remorque ou dépanne les plaisanciers à la demande

10 Comment épelez-vous le nom du navire STAR ?

- ❍ **A** Sierra Tango Alfa Romeo
- ❍ **B** Salsa Tango Alma Romeo
- ❍ **C** Sierra Togo Alfa Rodeo
- ❍ **D** Salsa Togo Alma Romeo

11 Vous apercevez ce navire. S'agit-il :

- ❍ **A** d'un navire au mouillage
- ❍ **B** d'un navire échoué
- ❍ **C** d'un bateau pilote
- ❍ **D** non

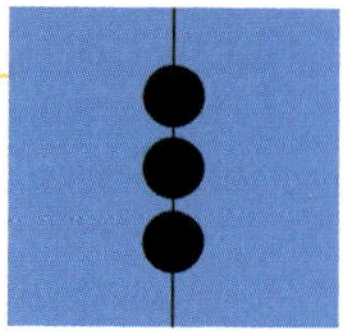

12 **Votre navire non auto-videur est équipé d'une pompe de cale électrique. Est-il obligatoire d'embarquer en plus un moyen d'assèchement manuel ?**

- ❍ **A** Oui, c'est obligatoire
- ❍ **B** Oui, c'est conseillé
- ❍ **C** Non, ce n'est pas nécessaire

13 **À quel genre de navire appartiennent ces feux ?**

- ❍ **A** à un navire de pêche
- ❍ **B** à un navire non maître de sa manœuvre avec erre
- ❍ **C** à un bateau pilote

14 **En empruntant le chenal traversier pour accéder à la plage, vous laissez ces bouées :**

- ❍ **A** obligatoirement sur bâbord
- ❍ **B** obligatoirement sur tribord
- ❍ **C** Indifférement sur tribord ou bâbord

15 **Un VNM est-il soumis à la limitation de vitesse dans la bande des 300 m du rivage ?**

- ❍ **A** Oui, toujours
- ❍ **B** Non
- ❍ **C** Oui, seulement si la bande des 300 m est balisée par des bouées

16 **En mer, une veille doit être assurée :**

- ❍ **A** du lever au coucher du soleil
- ❍ **B** en permanence
- ❍ **C** par visibilité restreinte uniquement

17 **À l'approche du port, vous aperçevez uniquement ces marques :**

- ❍ **A** je longe ces balises en les laissant à droite
- ❍ **B** je longe ces balises en les laissant à gauche
- ❍ **C** je peux me diriger vers le port sans en tenir compte

18 **Comment épelez-vous le nom du navire CAROL ?**

- ❍ **A** Charlie Alfa Rambo Oscar Lana
- ❍ **B** Carla Alma Romeo Oscar Lima
- ❍ **C** Charlie Alfa Romeo Oscar Lima
- ❍ **D** Carla Alfa Rodeo Oscar Lima

19 **La personne responsable d'une fausse alerte de détresse peut-elle être poursuivie pénalement ?**

- ❍ **A** Oui
- ❍ **B** Non
- ❍ **C** Seulement si c'est intentionnel

20 **La sonde indiquée sur la carte est de 1 mètre soulignée. La hauteur d'eau à la prochaine basse mer sera de 0,6 mètre. Puis-je rester à cet endroit ?**

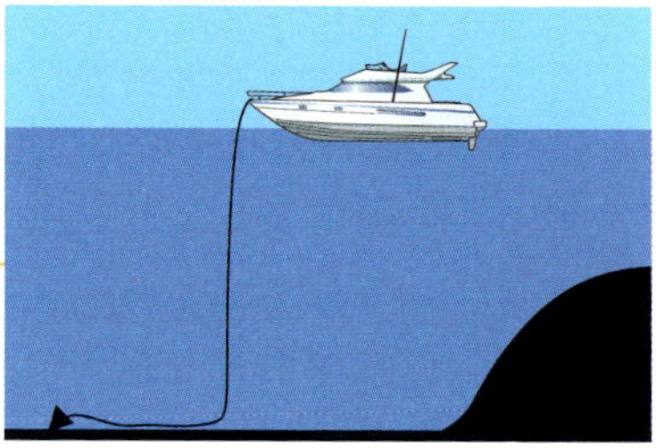

- ❍ **A** Oui, je vais rester à flot
- ❍ **B** Non, je risque de m'échouer

21 **Toutes les personnes sur un engin pneumatique tracté doivent-elles porter des gilets de sauvetage ?**

- ❍ **A** Oui, des gilets de sauvetage de couleur vive
- ❍ **B** Non, uniquement les enfants et les personnes ne sachant pas nager

22 **À l'entrée d'un port, vous voyez ce signal. Que faites-vous ?**

- ❍ **A** Je passe en suivant le chenal
- ❍ **B** Je passe en dehors du chenal
- ❍ **C** Je mouille dans le chenal

23 **Vous faites route au Sud, vous apercevez cette bouée droit devant. Que faites-vous ?**

- ❍ **A** Je viens à gauche
- ❍ **B** Je viens à droite
- ❍ **C** Je viens indifféremment à droite ou à gauche

24 **Le plaisancier respectueux de l'environnement doit entretenir la coque de son navire pour éviter la prolifération des algues :**

- ❍ **A** faux
- ❍ **B** vrai

25 **En mer, le vent peut évoluer rapidement et violemment. Dans ce cas, comment l'état de la mer peut évoluer ?**

- ❍ **A** Des vagues longues et creuses
- ❍ **B** Des vagues courtes et creuses
- ❍ **C** Une houle importante

26 **Dans la brume, un bateau pilote s'identifie parmi les autres navires en émettant un signal sonore de 4 sons brefs.**

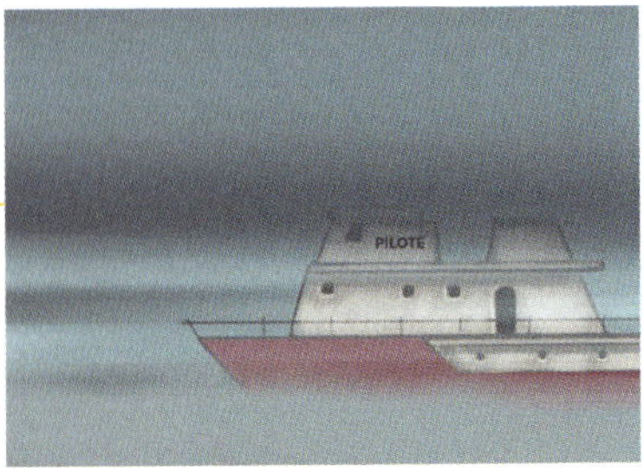

- ❍ **A** Vrai
- ❍ **B** Faux

27 Dans les eaux maritimes françaises, où trouve-t-on le système de balisage de la région B ?

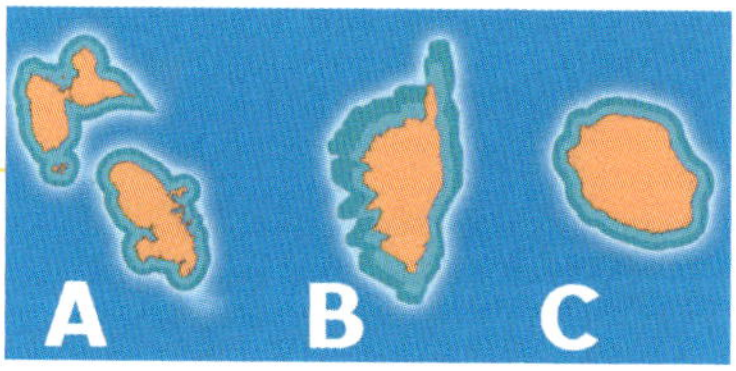

- ❍ **A** Aux Antilles
- ❍ **B** En Corse
- ❍ **C** À l'île de la Réunion

28 La chute rapide des pressions observées sur un baromètre est un signe de :

- ❍ **A** stabilité des conditions météorologiques
- ❍ **B** amélioration des conditions météorologiques
- ❍ **C** dégradation des conditions météorologiques

29 Vous apercevez ces feux, il s'agit d'un :

- ❍ **A** navire en action de pêche
- ❍ **B** navire de plus de 50 m au mouillage
- ❍ **C** navire à propulsion mécanique de plus de 50 m

30 Le « vent contre courant » est un phénomène qui :

- ❍ **A** augmente la vitesse du vent
- ❍ **B** augmente la hauteur des vagues

EXAMEN BLANC E

1 Comment est symbolisée cette balise sur une carte marine ?

- A Symbole 1
- B Symbole 2
- C Symbole 3

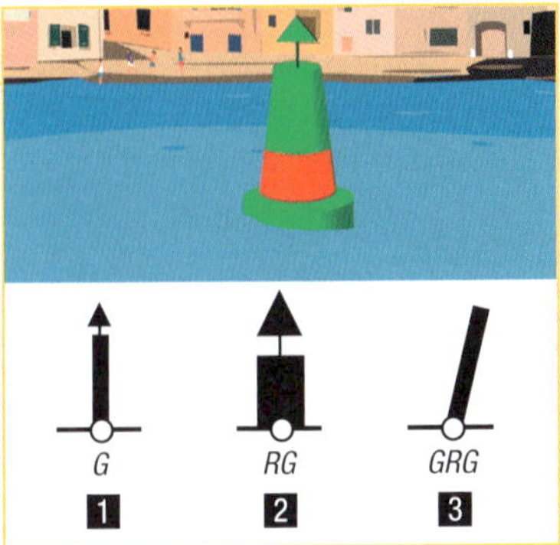

2 Un navire en train de pêcher doit montrer deux cônes opposés par la pointe.

- A Vrai
- B Faux

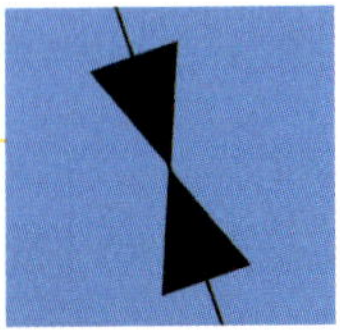

3 Lequel de ces termes est fréquemment synonyme de mauvais temps en mer ?

- A Dépression
- B Anticyclone
- C Marais barométrique

4 Un navire s'approchant d'un coude sans visibilité doit faire entendre un son prolongé. Tout navire venant de l'autre côté du coude doit répondre par :

- A 1 son bref
- B 1 son prolongé
- C 3 sons brefs

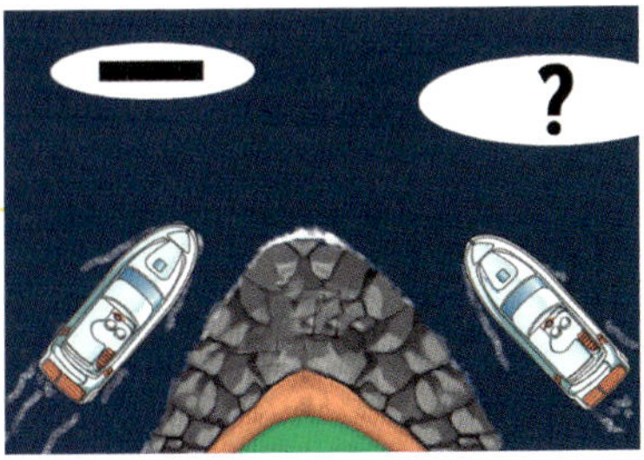

5 **Droit devant, vous voyez un feu blanc à deux éclats groupés. Que faites-vous ?**

- ❍ **A** Je passe à droite
- ❍ **B** Je passe à gauche
- ❍ **C** Je passe indifféremment à droite ou à gauche

6 **Parmi tous ces navires dans ce chenal étroit, lequel est privilégié sur tous les autres ?**

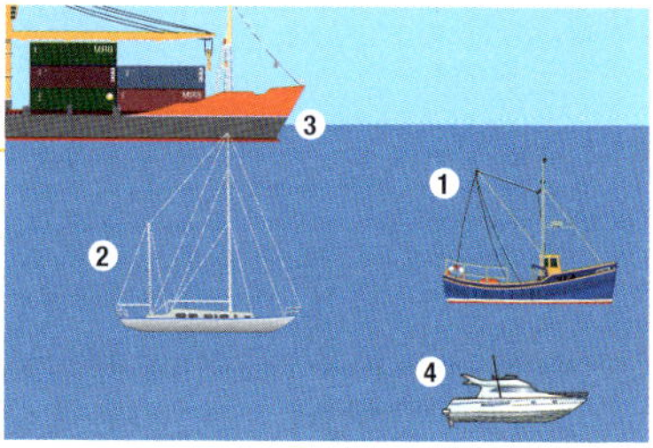

- ❍ **A** Navire 1
- ❍ **B** Navire 2
- ❍ **C** Navire 3
- ❍ **D** Navire 4

7 **Vous devez allumer les feux de votre bateau :**

- ❍ **A** par visibilité réduite
- ❍ **B** en permanence
- ❍ **C** du coucher au lever du soleil

8 **Un entretien régulier du moteur permet de diminuer la consommation de carburant :**

- ❍ **A** faux
- ❍ **B** vrai

9 **Vous apercevez ces feux. S'agit-il :**

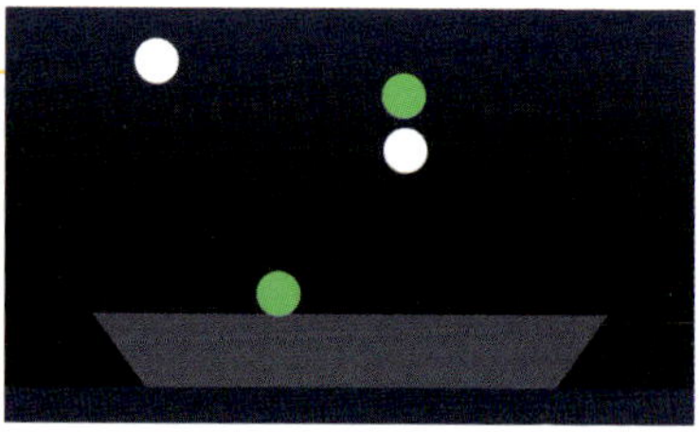

- ❍ **A** d'un voilier
- ❍ **B** d'un chalutier de plus de 50 mètres
- ❍ **C** d'un autre navire de pêche

10 **Faisant route à l'ouest, le courant me porte à droite de cette balise. Je vais vers la zone de danger.**

- A Oui
- B Non

Le sud est à droite.

- C Oui
- D Non

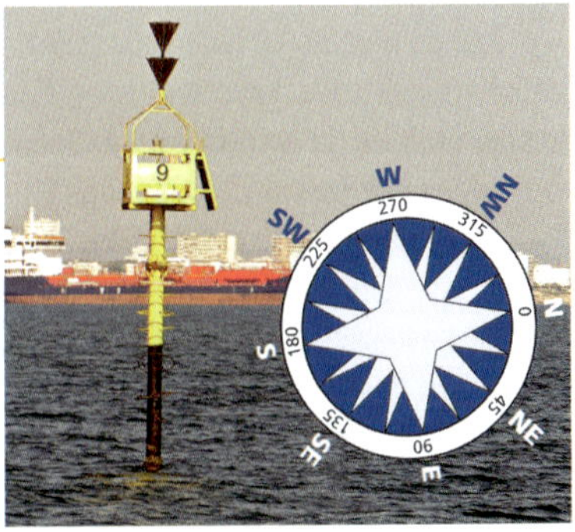

11 **Un véhicule nautique à moteur est-il soumis à une limitation de vitesse dans la bande des 300 mètres ?**

- A Non
- B Oui, toujours
- C Oui, sauf hors des horaires de baignade

12 **La consommation de carburant est augmentée par la présence de salissures et la colonisation des algues sur la coque d'un bateau.**

- A Vrai
- B Faux

13 **Qui coordonne les secours en mer ?**

- A Le CROSS
- B Les CRS
- C La SNSM

14 **Les conditions météorologiques peuvent-elles influer sur les hauteurs d'eau ?**

- A Oui
- B Non

15 **Âgé de plus de 18 ans, vous louez un navire avec des novices et vous êtes le seul titulaire du permis à bord. Qui est le responsable en cas de dommage ?**

- ❍ **A** Toutes les personnes à bord sont solidairement responsables
- ❍ **B** Le titulaire du permis car il est le seul compétent pour maîtriser le bateau
- ❍ **C** Le loueur car il est le véritable propriétaire du bateau

16 **En cas de panne de moteur, ce navire de conception C, va se mettre en travers des vagues :**

- ❍ **A** oui
- ❍ **B** non

cette situation peut présenter des risques par mer agitée

- ❍ **C** oui
- ❍ **D** non

17 **Comment épelez-vous le nom du navire DAUPHIN ?**

- ❍ **A** Donna Alfa Ugo Papa Hector India Nada
- ❍ **B** Delta Alma Uniform Pedro Hotel Irma November
- ❍ **C** Donna Alma Ugo Pedro Hector Irma Nada
- ❍ **D** Delta Alfa Uniform Papa Hotel India November

18 **Vous entrez dans un banc de brume. Que faites-vous ?**

- ❍ **A** J'accélère
- ❍ **B** Je viens sur bâbord
- ❍ **C** Je réduis ma vitesse
- ❍ **D** J'émets les signaux sonores réglementaires

19 **En empruntant le chenal traversier pour accéder à la plage, vous laissez ces bouées :**

- A obligatoirement sur bâbord
- B obligatoirement sur tribord
- C Indifféremment sur tribord ou bâbord

20 **Comment signalez-vous, en ASN, un homme à la mer ?**

- A Man At Sea (MAS)
- B Person Overboard (POB)
- C Person At Sea (PAS)
- D Man Overboard (MOB)

21 **Faisant route à 10 nœuds, vous voyez ces feux de navire. Quelle est votre réaction ?**

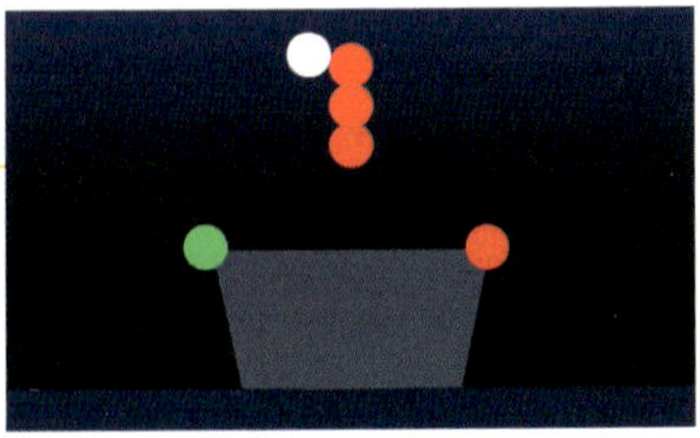

- A J'évite de le gêner
- B Étant prioritaire, je n'ai pas à manœuvrer
- C Je me porte à son secours

22 **En comparaison avec les mortes eaux, lors des vives eaux les profondeurs sont :**

- A moins importantes à basse mer
- B plus importantes à basse mer
- C moins fortes à basse mer
- D plus fortes à pleine mer

23 **Lors d'un mouillage, le plaisancier doit éviter de traîner l'ancre sur le fond :**

- A faux
- B vrai

24 En rentrant au port, de quel côté de cette bouée passez-vous de préférence ?

- ❍ **A** Je passe à bâbord
- ❍ **B** Je passe à tribord

25 À qui est attribué l'indicatif d'appel ?

- ❍ **A** À l'équipement radio
- ❍ **B** Au navire
- ❍ **C** À l'utilisateur de la VHF

26 Sur une carte marine, le zéro hydrographique correspond :

- ❍ **A** au niveau de la mer aux plus grandes pleines mers
- ❍ **B** au niveau moyen de la mer
- ❍ **C** au niveau de la mer aux plus grandes basses mers

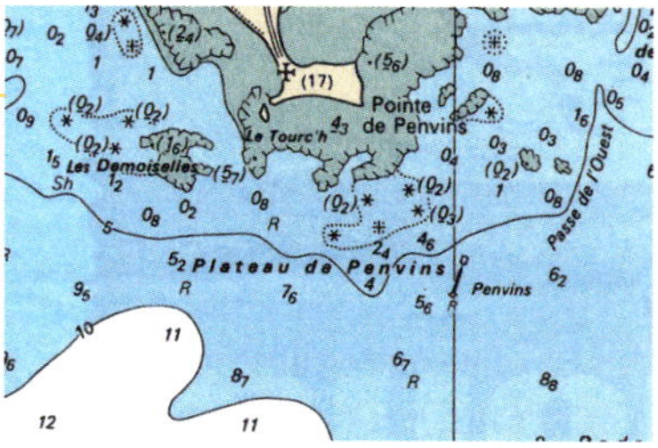

27 Que désigne le terme « flot » ?

- ❍ **A** Période pendant laquelle la mer descend
- ❍ **B** Période pendant laquelle la mer monte

28 Deux navires font une route d'abordage. L'un émet au sifflet une série de 5 sons brefs… Que veut-il dire ?

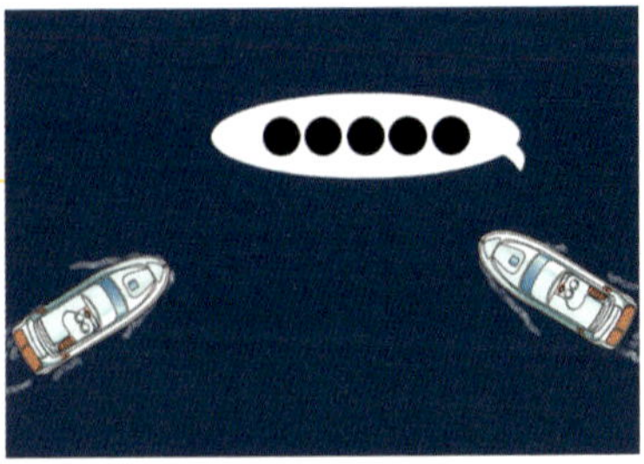

- ❍ A Je suis en danger
- ❍ B J'ai des doutes sur votre manœuvre
- ❍ C Je ne suis pas maître de ma manœuvre

29 Un bateau qui tracte un skieur devient privilégié :

sur les bateaux à moteur uniquement

- ❍ A Oui
- ❍ B Non

sur tous les autres types de bateaux

- ❍ C Oui
- ❍ D Non

30 La houle et la hauteur des vagues sont deux composantes différentes.

- ❍ A Vrai
- ❍ B Faux

RÉPONSES AUX EXAMENS BLANCS

EXAMEN A (PAGE 15)

- 1 C
- 2 A
- 3 B
- 4 B
- 5 A
- 6 A
- 7 B
- 8 B
- 9 A
- 10 B
- 11 B
- 12 C
- 13 A
- 14 A
- 15 A
- 16 B
- 17 C
- 18 D
- 19 B
- 20 A
- 21 C
- 22 B
- 23 B
- 24 AC
- 25 D
- 26 A
- 27 B
- 28 A
- 29 A
- 30 A

EXAMEN B (PAGE 21)

- 1 A
- 2 A
- 3 B
- 4 B
- 5 A
- 6 B
- 7 A
- 8 C
- 9 C
- 10 C
- 11 A
- 12 C
- 13 A
- 14 D
- 15 A
- 16 A
- 17 B
- 18 AC
- 19 B
- 20 B
- 21 C
- 22 AC
- 23 C
- 24 AD
- 25 C
- 26 AC
- 27 B
- 28 B
- 29 B
- 30 C

EXAMEN C (PAGE 27)

- 1 AC
- 2 A
- 3 B
- 4 B
- 5 C
- 6 B
- 7 A
- 8 B
- 9 B
- 10 A
- 11 B
- 12 B
- 13 B
- 14 B
- 15 B
- 16 B
- 17 AC
- 18 C
- 19 B
- 20 B
- 21 B
- 22 C
- 23 A
- 24 A
- 25 B
- 26 A
- 27 B
- 28 B
- 29 C
- 30 B

EXAMEN D (PAGE 33)

- 1 A
- 2 B
- 3 A
- 4 A
- 5 B
- 6 B
- 7 C
- 8 A
- 9 B
- 10 A
- 11 B
- 12 A
- 13 B
- 14 A
- 15 A
- 16 B
- 17 B
- 18 C
- 19 A
- 20 B
- 21 A
- 22 B
- 23 A
- 24 B
- 25 B
- 26 A
- 27 A
- 28 C
- 29 C
- 30 B

EXAMEN E (PAGE 39)

- 1 C
- 2 A
- 3 A
- 4 B
- 5 C
- 6 C
- 7 AC
- 8 B
- 9 B
- 10 AD
- 11 B
- 12 A
- 13 A
- 14 A
- 15 B
- 16 AC
- 17 D
- 18 CD
- 19 B
- 20 D
- 21 A
- 22 AD
- 23 B
- 24 B
- 25 B
- 26 C
- 27 B
- 28 B
- 29 BD
- 30 A